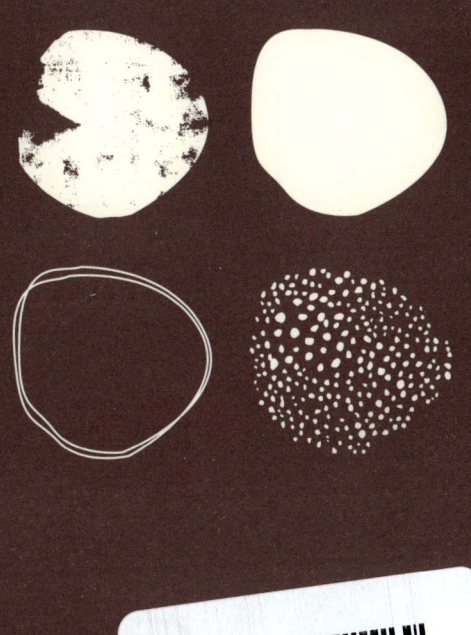

elicário

lucas guimaraens

# exílio
o lago das incertezas

*O exílio tem, pois pelo menos duas faces nos meus escritos. Uma talvez seja mais feliz e a outra, totalmente infeliz. Uma vergonha. Uma das faces é a expressão da ferocidade do indivíduo, de alguns poucos indivíduos em luta contra os limites culturais que o encarceram. E a outra é a consequência da irascibilidade do homem político. Uma das faces é subjetiva. É minha e não a coloco em xeque. A outra é objetiva. Produto da minha observação da miséria migrante a povoar o Primeiro Mundo, miséria que se torna mais e mais agudizada no novo milênio. Uma das faces proclama o amor à vida, faz o elogio da alegria na vida selvagem. A outra denuncia a injustiça na construção do social e do econômico no plano da comunidade, denuncia a pobreza.*

Silviano Santiago

apresentação

# o que se joga ainda não é o jogo

A liberdade pensada como uma experiência social é um dos eixos de nossa capacidade de atribuirmos sentido ao mundo, aos outros e a nós mesmos. A ausência ou a restrição da liberdade compromete, quando não inviabiliza de modo dramático, a possibilidade de nos vermos como sujeitos, bem como aos demais com os quais nos relacionamos. Ao contrário do que o senso comum pressupõe, ser e pensar-se como um sujeito livre não tem sido um direito para a maioria dos atores sociais que conhecemos, mas um processo contínuo de lutas e sacrifícios.

Numa perspectiva ampla, pode-se dizer que os obstáculos impostos ao direito de liberdade decorrem dos inúmeros embates e negociações que envolvem o sujeito, sobretudo quando recai sobre ele a tarefa de preservar e/ou transformar as heranças que recebeu. Numa perspectiva específica, centrada na experiência poética, observa-se que o cenário não é menos intrincado. Entre as tendências que evocam a reiteração das heranças e as que pregam a sua ultrapassagem, é relevante considerar que a liberdade do poeta para visitar diferentes heranças estéticas vem a ser uma condição fundamental para que este possa articular a sua própria voz e os seus próprios métodos de criação.

A leitura dos 27 poemas reunidos por Lucas Guimaraens em cinco seções sob o título *Exílio: o lago das incertezas*, não menos do que outras obras, nos impõe esse tema. Há que se ressaltar, no entanto, o rastro particular dessa questão nas páginas escritas pelo poeta. Além de se deparar com as heranças poéticas ocidentais (em sentido amplo e discutível) e as heranças poéticas brasileira e mineira (noutro sentido não menos amplo e não menos discutível), Lucas Guimaraens tem que mirar no espelho familiar – irisado pelas especificidades de seus ancestres Alphonsus de Guimaraens e Alphonsus de Guimaraens Filho – o apelo que, por um lado, o convida à comunhão com a sua herança e, por outro, o desafia a cerzir a sua própria *persona* poética.

Sem negligenciar o convite das referidas heranças, a *persona* poética que se articula nesse *Exílio* não deixa dúvidas quanto à sua pretensão de escolher os seus motivos e os seus métodos de composição. Nessa série de poemas relativamente curta, sobressai a lógica do dizer mais com o mínimo de recursos. O rendimento dessa proposta pode ser visto no ritmo ora tenso, ora distendido que a alternância entre poemas de versos livres e poemas em prosa estabelece para o livro.

Esse aspecto formal foi estrategicamente disposto: cada uma das cinco seções do livro se abre com um poema em prosa (I. Das asas; II. Ponto; III. Histórias reais de um carnaval imaginário; IV. Festival; V. Do risoto ao mar morto). Lidos em sequência (de I a V), esses poemas formam um conjunto com tessitura própria, na qual se destaca a ironia e a acidez em face de um mundo em desordem. Essa alternância formal funciona como um suporte para a abordagem de temas tensionados entre a realidade e a ficção. De outra maneira, lidos como aberturas de cada seção e seguidos por poemas em versos livres, a soma desses poemas constitui uma outra obra, na qual despontam, dentre outras, as linhas de força enumeradas a seguir.

Se a liberdade do sujeito é fruto de uma elaboração social, não é difícil perceber que a ausência das condições para esse processo afeta diretamente a *persona* poética que se entende como parte do mundo. No *Exílio* de Lucas Guimaraens, os modos de vida e as circunstâncias da história se apresentam, muitas vezes, como um obstáculo às demandas do sujeito. Em face disso, é com uma inflexão irônica, atravessada por certa melancolia, que a voz do poeta se exprime:

> por mar.... perdi a visão
> por mar.... não ter humanidade
>
> [...]
> por mar.... não apaixonarei
> (nem nunca.
> no pretérito.)
>
> ("Oftalmológico", p. 43)

Contudo, é nesse cenário desfavorável que o poeta descobre as razões para o seu método. Ou seja, sabe-se que há um jogo (que atende ou não as expectativas do sujeito) e desmontá-lo (para reinventá-lo com um sentido crítico) representa um desafio considerável à criação poética. Ao enfrentá-lo, com ironia, Lucas Guimaraens chama a atenção para o fato de que no teatro das relações humanas o que somos ou quem somos revela, simultaneamente, outras de nossas identidades. Não haveria instância mais oportuna do que uma série de "Histórias reais de um carnaval imaginário" (p. 36) para o poeta demonstrar as tensões e as intenções que perpassam esse nosso aspecto:

> Todos sabem que, durante a maior parte do ano, Pierrot, profissional autônomo, não é Pierrot.

Tendo submetido as relações humanas à sua observação, o poeta percebe que o apego pelo excesso é uma de nossas obsessões. Assim, nos arranhamos entre o excesso de riqueza e miséria, de companhia e solidão, excessos, enfim, em medidas variadas, de afirmação ou de destruição. Em resposta a esse estado de pressão causada pelo excesso, a escassez se explicita como um material raro, propício para reinserir o sujeito no domínio da leveza ("Hoje, permaneço feliz e manco de compreensão", "Das Asas", p. 15). Entretanto, ainda uma vez, o poeta nos adverte com ironia e sutileza sobre o permanente risco do engano, que ameaça nossas vontades:

eu – sem memórias –

comerei uma madeleine –
marca st-michel –
sem efeito

("Arqueologia", p. 20)

Não seria um exagero considerar um viés pessimista que atravessa alguns dos poemas em prosa aqui reunidos. Afinal, para uma voz poética como a de Lucas Guimaraens, entranhada na realidade, alguns dos sinais emitidos pela realidade são, com efeito, pouco promissores. Veja-se, a esse propósito, o poema "IV. Festival" (p. 46): "Disseram que o ocidente abriria as portas para o oriente. Vice-versa. Não vi portas. Nem janelas." Contudo, apesar do horizonte derruído, alinhava-se na voz poética um tecido de resistência que se resolve, esteticamente, num discurso direto, forjado por uma explícita intenção humanitária. Impulsionado para a vida, a poética de Lucas Guimaraens aborda a contrapelo a desordem e a violência. Sob essa lógica, o poeta reconfigura a desordem, percebendo sob os escombros uma outra hipótese de existência. Sendo assim, mesmo na obscuridade – vide o poema "Fecharam" (p. 34) – algo se anuncia (como recusa a qualquer ausência de porta ou janela) e nos encoraja, porque "não fecharam as aves presas pelo arame farpado da esperança".

A poética que se projeta no presente livro está velada, por um lado, pelas nuvens que envolvem a experiência do *Exílio* e pelas dúvidas que contornam o seu subtítulo, gravado de incertezas ("o mundo é criação./ meu coração não" – "Criação", p. 60). Por outro lado, essa poética guarda para os leitores aptos para o mergulho um sentido agudo que – à maneira dos lençóis submersos – recompõe à luz do dia o extenso rio de nossa humanidade: "a liberdade permanece como letra lavrada em sonho:/ utopia dos homens reais (ou cronópios)" – "De cronópios" (p. 62).

Por fim, um outro nome para a liberdade, que subjaz aos poemas deste livro, é ousadia. Essa pulsão necessária para quem – distendido "entre mas & mares" ("Contra o óbvio, pelo óbvio", p. 19) – espera sobreviver às diferentes formas de exílio e violência; para quem reconhece que ainda não decifrou as regras do Grande Jogo do qual participa. A esse desafio teremos que responder mesmo se sustentados apenas, como alerta Lucas Guimaraens, por uma bela, amara e "contínua escrita que se apaga" ("Origem", p. 41).

*Edimilson de Almeida Pereira*
Juiz de Fora, verão de 2017

# 1.
das asas

Acontece que, desde cedo, pesquisei sobre peles. As minhas, sobretudo. Em várias clínicas de regeneração me disseram que a centopeia, um dia, poderia doar uma pata e não ser manca. Antes disso, descobriram a partícula de Deus, o bóson de Higgs. E vieram, então, os deliciosos e desbotados programas de tv da minha infância, Bozo & Mafalda. Hoje, permaneço feliz e manco de compreensão. E tenho asas.

Ainda uso metrôs. Lembro-me deles, cheiro da ansiedade, o vômito impregnado das madrugadas, as músicas do leste europeu, esquizofrenias de desempregados, estudantes, operários. Lembro-me das catracas emperradas, dos controladores de passe, da náusea. Das sacolas de supermercado e a mochila repleta de sonhos pelo conhecimento. Estas centopeias sempre perdiam patas. Os minutos exatos sofriam alteração. Paralisia. A linha férrea era a ponte para deus. Suicídios. J'ai faim. Merci.

As paredes retinham coelhos dentro das cartolas: o novo tablete, o celular, a viagem da vida, vez por outra um livro best-seller, espetáculos. Pirotecnias. Voltava para os 40 m² alugados. Sempre em horários diferentes, dependia das aulas, do frio ou da esbórnia. Em casa ela nua e queimada de gordura. Não compramos o vinho. Podemos comer uma carne hoje à noite? A grana só em 20 dias. Até lá, cartão. Cartão, passaporte, permissão de trabalho, carteira de estudante, carteiras de bibliotecas, dos amigos do museu. Cartão para ligações internacionais – *homesick* – doença da distância e medo das mortes. Diariamente a pesquisa de passagens aéreas. Um trem pras estrelas.

Nos encontros, falávamos de eternidade. Cada guru uma sentença. Ontem foi a teoria do ar como exclusivo alimento. Só pensava no entrecôte mal passado. Aéreo demais, o sangue era forma de fincar os pés na terra. O sangue sempre fora a espinha dorsal da minha vida: injeções, exames, soros nas veias. O ar, desde que inalado pela nicotina. Nunca havia me observado respirar. Mas lembro-me dela definhando por tubos de oxigênio. Até nunca mais.

exílio


o exílio diz todas as palavras do poema
ruas que se fendem com o tempo
passos de vidro em brita quente
o exílio palavra sem pronúncia
prédio de labirintos e derramamentos.
corrimão de incertezas sob os dedos da saudade.

tempo

de longe passagem de ano
família & amigos & fios elétricos
(há medo de escuridão no ano que entra?)

de longe estranhos & luzes
aqui – lentidão de passos
    – internet a mil
& um *led*: saudade.

contra o óbvio, pelo óbvio

nada sobre tocar a ausência
& o beijo deixado entre lápis e borrachas

nada sobre pássaros & voos de azul & cinza
ou a rasteira obra das formigas.

permaneço entre mas & mares
& meu relógio continuará
furacões tortos das palavras
de desencontro
(& aqui & elas & liberdade: encontro)-me

## arqueologia

eu – sem memórias –
comerei uma madeleine –
marca st-michel –
sem efeito
comerei espiga de milho
& sopa de cará para
encarar a infância
(& seus desdobramentos)

a casa

*para P.E.L., eternamente*

para dias alegres:
amor
única paisagem possível
longe de incertezas
aula de cotidiano na economia dos sonhos

&

estaca de construção – sempre inacabada –
western sem sangue, poeira e prisão
estátua sem teto & acordes
roda de dias & noites
trovoada de enigmas
onda de navegar
nada indica o não

lar é palavra pequena
uivo de liquefações
coisa de pessoas & calos
alga nos olhos de brincadeiras
solilóquio escolhido a dedo & coração

## pausa-momento

andar pelas mesmas tábuas
bom dia ao avesso um
copo à mão
vento passa pelos cabelos
cada vez menos
assovio da janela que não se sabe fechada
dança de cata-ventos imaginados
sonhadas definições das coisas.

## memória de um dia

na fila ela se vira
pergunta sobre o preço do selo postal
digo 120 gigabytes
ela foge na carruagem
eu pago a conta atrasada
– solfejam magias de planos
        a dois –

volto ao primeiro raio de sol
sento-me sobre brasas
necrotérios em criogenia
parêntesis do tempo.

sol é amante do inflamável
 – solitários buscam
        suas chamas.

## Nudez

vivo com pouca roupa
o peso que carrego
é do tamanho de
pés descalços.

negríndio na bateia das pepitas
de Portugal: as palavras.

não há força ou motivo ou asas
para mais paramentos paramédicos
– qual o dia do fim ou da nova flor? –

ou assim: um parapeito para ultrapassar.
pular.

a xícara de café mata solidão com seu sabor
[de adrenalina.
ato palavras para distanciar-me dela.

em casa estou nu.
a cidade é nua
– ainda que a maquiem –
ninguém acredita na nudez do asfalto.

## minimalista

diariamente
café ralo
ponto de ônibus
(a espera sem saber)

quilômetros até
a construção
ou repartição
capacete
ou computador
britadeira
ou grito

noite
solidão
sertanejo
um tomate com sal
(sem saber se)

diariamente
um tijolo
ou viga
ou aço
ou vidro
ou queda
(sem)

sequer

imaginava
dançar
música
minimalista

# 2.
ponto

As primeiras foram as únicas. 8 aulas de musculação aos 13, perfazendo um total de sedentarismo de 37 anos, excluídas 8 horas e qualquer coisa de futebol de salão. A primeira aula foi a que carreguei pelos dias na lombar e nas pernas fracas. Na parada do ônibus, sem ônibus. Na cavalgada do ônibus, tentativa de entrar, pernas bambas, sem sustentação, um corpo caído e um queixo rachado no degrau de quase um metro. E o motorista a rir e a espremer uma cabeça nas portas borrachudas do coletivo.

A primeira aula é a que permanece: fraqueza nas pernas e os dentes a esmagar crânios. E o riso oco de quem dirige o automóvel, a vida ou o país. Desde então: corridas, trombadas, trombadinhas, trombas d'água e aquela borracha a fechar solidões. Isto não é um cachimbo, Magritte, isso é poesia. Que quebrar uma frase é fazer versos mas quebrar, baby, ainda é frasear. E poemas não têm pontos (ainda que os tenham).

Ponto para o homem que – pela manhã – foi enganado pelo piso podotátil esburacado e perdeu sua referência sem luz ou cores e não foi atropelado em frente ao palácio dos reis. Baby, os reis não enxergam e, no entanto, não pisam podotáteis calçadas. O homem também chora.

Ponto para o choro da cachaça e das pedrinhas de sombra sobre as marquises – mulheres e homens perdidos – e vislumbram a visibilidade. Quero aprender a ler para ser gente. Lá, as guilhotinas não são de borracha e os pisos secos são colchões. Se o senhor não está lembrado, há vida sob os escombros da cidade.

Ponto. Ponto mesmo é a cegueira, a miséria, o rei que se despe e a esperança que os livros não ditam, não regem, não resolvem, mas permitem o delírio de aranhas que tecem medos e, com eles, a possibilidade de transpô-los.

Ponto mesmo é não calar.

silêncio

pousar de mundos destroçados e perfeitos
aranhas carregam entre pinças fios
de palha da órfã andorinha

sapatos já não servem na garganta
de medos e amores invisíveis
braços não alcançam cordas do balanço
ou a faca do almoço diário

momentos de gotas de chuva virarem mãos
e despejarem perfumes & veludo
nas paredes das peles curtidas das noites.

olhos

se contornássemos de aquarela
olhos

se aros de bicicletas rangessem
     olhos

se plantássemos sarjetas
          olhos

se sarjetas lessem livros
se livros voassem
se voos fossem teleguiados
se guiássemos desejos
se buscássemos imagens
de ímãs-imãs-frades-irmãos

eu cairia as pálpebras sem explosões de bombas atômicas no futuro.

osso

aviões rorejam rachaduras no céu.

barcos afastam da margem
outras margens – estendem o fim.

tecno ou clássico
o homem no lago das incertezas
comunica nos percursos
brilhos das estrelas.

o osso é a última reminiscência
das vagas lunares.
retinas de cigarro e luz.

feridas e sonhos remanejam o invisível.

## fecharam

o natal
o teatro
a banda
a liberdade.

os sinos
as cores
a grana
os provedores de internet
as portas dos motéis
as guelras
as pernas das putas
ou putos
os representantes comerciais
ou da república
banners digitais
janelas sem reboco.

não fecharam as aves presas pelo arame farpado
[da esperança.

dois homens mortos

somos dois homens mortos
costurando a noite
em caminhos retalhados
de navalha e contas a pagar

somos dois homens mortos
pulando pixels
em telas de computador
de construir navios & fantasmas

somos dois homens mortos
e não sabemos da vida mais
do que tragédias póstumas

(manuel, os filhos que nunca tive
inalam o cheiro de chernobyl em
máscaras de oxigênio
debaixo de escombros?)

somos dois homens mortos
ou duas mulheres mortas
ou duas crianças mortas
e nossos olhos brilham
poeiras de esperança

# 3.

histórias reais
de um carnaval
imaginário

Todos sabem que, durante a maior parte do ano, Pierrot, profissional autônomo, não é Pierrot. Mas ele é afeito constantemente às artes. Por isso ele vai a museus, a saraus, a casas noturnas. Ele é muito bem colocado na sociedade. Os furos de suas roupas de carnaval são simplesmente a perpetuação de um tempo passado no qual havia um pouco mais de certeza nas coisas, em que era possível confiar até mesmo no seu inimigo. Em resumo: Pierrot é um romântico furado pelas balas da realidade.

Em uma feita, ele conheceu os 3 Reis Magos. Minto (isso é outra história), ele conheceu a fada Sininho. Ela soprou pelo céu seu choro de Colombina, desesperada por conhecer terras longínquas, queria contar as histórias mais lindas do seu protegido, Peter Pan, nos 4 cantos do mundo. Acontece que, como todos sabem, Peter Pan é um incrível músico mouro. Com a companhia aprazível de Colombina e com os olhos vidrados em poder fazer algo com Peter, Pierrot decidiu desenvolver teses, criar histórias, apostar na bolsa de valores e, por fim, terminou por escrever um fantástico roteiro de uma turnê inesquecível nos castelos das misteriosas e enevoadas terras de alémmar. Faltava vender o roteiro para um grande estúdio.

Colombina, com aquela sedução que só as mulheres conhecem os caminhos, apaixonou-se por Pierrot para que este, por sua vez, se apaixonasse por ela. A lua de mel já estava montada: seria aquela bela turnê. Seguir o belo roteiro (e que belo título havia a peça!) era a possibilidade de firmarem ainda mais o compromisso matrimonial.

Eis que o tempo passa e, como sabemos, Pierrot, sempre em seu escritório, busca melhorar de vida, dar todas as pérolas à sua amada. Um dia, voltando para casa sozinho, levando doces para seu benzinho, chega em seu lar e não mais encontra Colombina. Mais! Ele liga a tv e constata que seu belo roteiro da grande história com seu lindo título já estava sendo rodado há muito.

Desesperado, romântico de sonhos furados, vai à ponte mais próxima para cometer o inefável amargor da última gota da vida. Devia haver algum deus ou zeus que olhava por ele: quando lá chegou, encontrou com o incrível especialista Heidelberg Bridges, de óculos escuros e sobretudo preto, portentoso conhecedor das coisas do coração. Pierrot sacou seu laptop e mostrou tudo o que tinha, os e-mails trocados, as ideias criadas, as conversas gravadas.

Não havia jeito: para o senhor Bridges, era necessário sair da ponte e buscar seus direitos. O coração já tinha, há muito, sido roubado. Mas ao menos aquele belo título criado por Pierrot poderia ser usado em outra história com novas bailarinas do ar e arautos da música, caso conseguisse voltar a ser dono de suas ideias.

Pierrot seguiria os passos justos de Bridges ou deixaria os barcos navegarem seus rumorosos mares?

"Quarta-feira sempre desce o pano".

o carnaval

o gato abandona por maus tratos
a vida abandona por maus traços
a tela abandona por maus braços
a fome abandona por maus pratos

a prisão abandona por más asas
a guerra abandona por morte das massas
a mentira abandona por falta de máscaras
a pobreza abandona por ausência de casas

eu passarinho abandono o papel
porque a má vida – bela vida –
chamou para o cortejo.

origem

latas com ferrugem
queria espaço para letras mas espaço não havia.
mulher sessenta anos de gases infiltrados da cesariana
papéis na chuva
& cortes: parafusos da morte.
bichos inexistentes roubaram sonhos
iluminaram a contínua escrita que se apaga
ainda que não se apague (a pague).

claramente

claramente não são seus passos
negros minhas vertigens
não navego deep webs & armo revoluções
com uma rosa na boca –
        à maneira de quem acredita
        nos românticos vagabundos –

claramente não frequenta profundidades
& jorra sangue pelos dentes

no vermelho de nossos gemidos
pétalas de paz em foco.

oftalmológico

por mar.... perdi a visão
por mar.... não ter humanidade
perdi a visão
do olho esquerdo

por mar.... quase afoguei

mar.... perdida visão
os exames estavam ok
ausência de visão era de mar....

por mar.... não apaixonarei
(nem nunca.
no pretérito.)

tempo II

cadeiras vazias
em frente à escada
ausentes cabelos de poeiras

(tempo é assento do amor deposto)

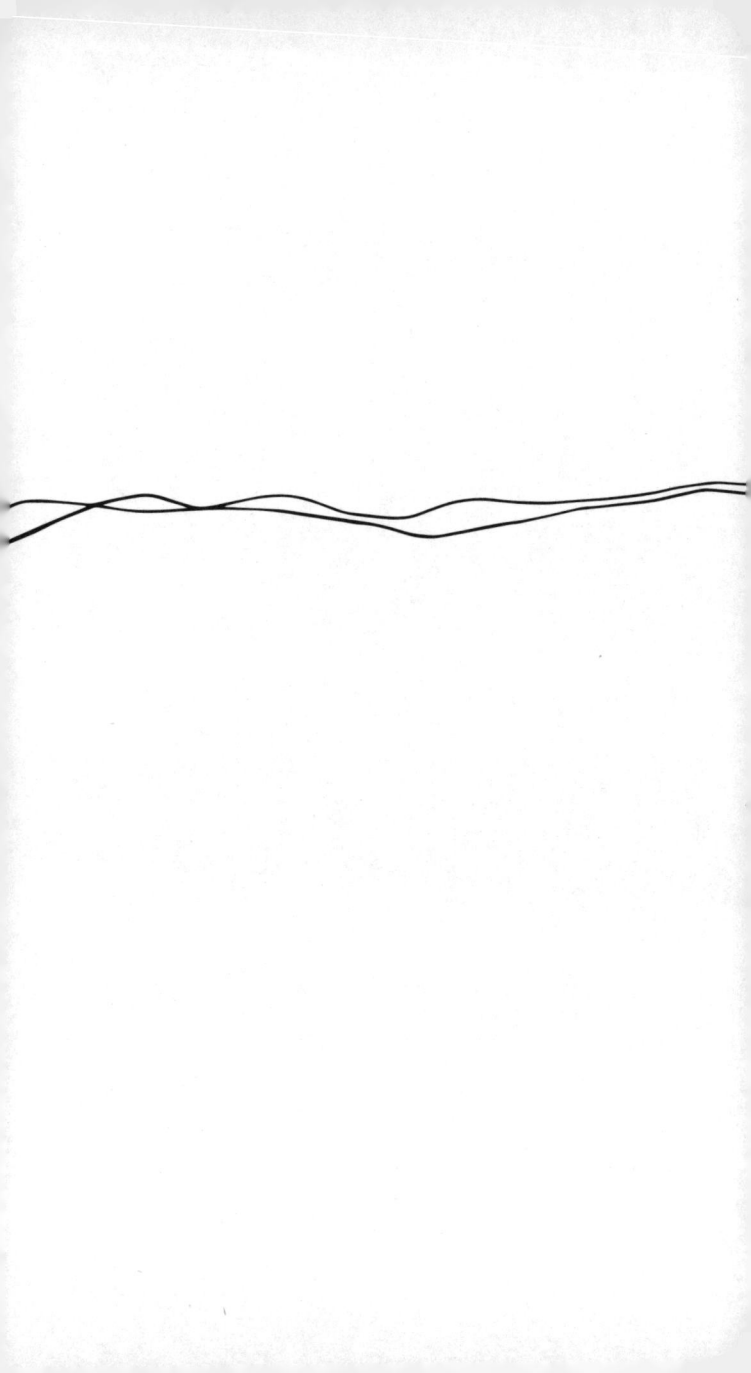

# 4.

festival

Disseram que o ocidente abriria as portas para o oriente. Vice-versa. Não vi portas. Nem janelas. 4 horas em frente a esteiras, passa a vida, passam línguas, lembro delas em meu corpo, excito-me facilmente e as malas não chegam. Toda esteira deveria ser imprópria para menores. A mala chegou. Uma. Roupas inverno-verão sem decotes ou bandeiras. Livros sempre vieram comigo. Como se o Brasil viesse comigo, ainda que estrangeiros (os livros).

Busco um carrinho para sustentar malas. Exige moedas que não tenho. Não ter: este sentimento tudo. Carrego o mundo e línguas estranhas rasgam. Nos primeiros passos, na primeira esquina, ainda no desembarque, um paletó de couro mostra um distintivo: alguma autoridade de Istambul. Em um inglês impronunciável, exige que eu o acompanhe. Uma amizade que nasce? Uma morte que cresce? O jogo de dados havia sido lançado.

Palavras, palavras e, entre elas, renitentemente, Chacal, Chacal, Chacal. Fala alto o homem com ares de anos 70. 1900. Joga meus pertences em uma sala, me apalpa.

Que janela para o mundo. Que mundo? Em meu delírio de segundos, sou terrorista e tenho todos os pecados sobre os ombros. Explico que a poesia me trouxe ali. Şiir. Ah, aqui, como lá, poesia é lua afogada. Escorpiões entraram pelas minhas vestes e o veneno intitulava-se medo. Não eram mais línguas, mas peçonhas. Busco meu smartphone para alguma tradução simultânea: antídoto comunicacional. Não. A única palavra possível é o silêncio e seus ruídos. Não se apavore, o circo não começou e os fogos de artifício não precisam ser acesos. O presidente aguarda sua presença, queira passar, por favor. Mas não cheguei aqui para o presidente. Meu encontro é com Nazim Hikmet, o poeta. Ele não vem. Afogado na lua, na história, na independência do país.

Buscava escadas de Jacó para alcançar céus e deparei-me com labirintos. 7 horas de atraso. O mundo parou, a vida parou. O motorista que me aguardava não, atrasado para a vida. Ligo para meu contato em Paris. Paris é festa, meu amigo, acabam de matar 13 na estrada que leva ao hotel em Istambul, lado oriental. É estreito o bósforo, são estreitas as esperanças. Vou ao táxi que não fala. Os carros não costumam falar. No entanto, o motorista também é mudo. Escuridão. Protestos. Aqui e acolá, cartazes do Festival Şiiristanbul. Jovens e suas nicotinas, narguilés, burcas e minissaias, neons, todos com capacetes de mineradores. Amarelos. Amarelo estou eu na terra da santa sabedoria. 301 mortos. Do carvão para o carvão.

Leio meus poemas – tradução simultânea. Simultâneo é o ódio, o choro e o amor. O homem-marido se aproxima. Putas aids e morte em um só verso meu. Sua esposa está corada – ou deve estar por trás dos panos. Ela os levanta levemente. Sorri e chora. Agradecem. Uma bomba estoura na estrada. Saudades das pedras no caminho.

E tudo ficou. A esperança, as línguas, os escorpiões, os contatos ultramar pela internet, amizades, um caso afoito, em pé, na esquina com ela-sem-nome, o hotel mirabolante, o cruzeiro, a nicotina, o vinho.

Não havia contas a pagar. Não havia contas de rosário, não havia rosário, não havia rosas, não havia palavra que se sustentasse. Havia sentimentos.

# e agora

e agora?
o trivial
o pão industrializado
cães amordaçados nas calçadas da zona sul
último filme do oscar em shoppings
baratas nas sarjetas
(e nas portas de casa)
amamentar filhos
anarquistas perdidos
na espuma de champagnes
& vernissages
quepes paletós e querubins
na parede do poder
(ilusão em óleo sobre tela)
escrever poemas sem leitores

novo babyboom
alcateia de destiladores
do não.
vá embora, estrangeiro,
aqui nem camus sobrevive.
o final da peste não aguarda
solidariedades. hoje.

patos sobrevivem
dinastias
agonizam
plantações

& vamos às compras
o vinho
o arroz
o último smartphone
o beco
o ócio
o desemprego
a lua fotografia
no reflexo da última
lágrima.

## estrangeiro

se esta rua fosse minha
(palavras não)
baby
morava na eternidade
pálpebras de pedras
pisoteadas pelo
sino
dos dias

## a falta

bestas surgiram de telhados
de vidros, leds, redes sociais
de orelhas vidradas
jardineiros no terreiro
do pai velho zygmunt bauman
dos idosos das leis
de seus filhos sem leis
    – mas as carregam
    nos sovacos –

bestas surgiram de narinas
de amigos, colegas
débeis ou bons de memória
& negócios

neles
todos
faltava coração.

assassino

assassino
molho plantas & seco feridas
o mar é falésia agreste de distâncias
e meus braços oferecem o que podem ao náufrago

assassino
planto folhas plásticas & nada seco
as montanhas minerais são esqueletos de vidas
e choro os ocos de suas histórias

assassino
deixo pássaros livres
tanto quanto deixo seus dentes
habitarem outros abismos.

assassino
viver é perigoso
quando não há vida

# 5.
do risoto ao Mar Morto

As compras continuavam as mesmas. Vazias. Não que houvesse *miserere* – havia comedidamente – mas viver na riqueza era um naufrágio para carências. E para poucos. Decidido a não mais viajar, os carros queimados na rua em frente à minha janela, as vidraças quebradas, o "fora presidente, vivemos em país sem dentes" mudaram os planos imediatamente.

A aviação Alitalia nunca foi a melhor das cias. As massas chegavam sem molho, mas lembrava-me do risoto de raspas de limão dela. Vias, vias, vias. O objetivo era claro: do risoto ao mar morto. Ponto de parada em Roma, fugir dos gipsys, roms, ciganos e seus pedidos de euros depois do circo, furtos circunstanciais, fenômeno pickpocket por todo lado. 43 graus & up. Alighieri estava errado quando disse que no nono círculo do inferno havia gelo. As massas eram verdadeiramente ruins. Mas a decisão era clara, sem fancy restaurants, sem Alfredo Imperial ou qualquer aristocracia em declínio. Nem compras. *Miseriae*.

Beatriz, no entanto, era dona de meus risotos. Os de raspas de limão. Eu não a encontraria aqui. Seu nome mitológico remetia a suas origens em música de Chico Buarque e Edu Lobo, brasileira sem divina comédia, tristes trópicos. Triste fim – Trastevere, rincão romano – de uma transa que se transformou em afeição e, depois, suicídio.

Trastevere era a parada. Horas de trânsito caótico e chego em uma aglomeração às margens do rio Tibre. Três afogados, duas crianças com suas mães. Tragédia em Trastevere. Encontraram três corpos amarrados e, com a básica ciência da lei da gravidade, aparentemente haviam colocado 500 quilos de Lps de 1962 de Rita Pavone pelos corpos. Comoção pública: um grupo de trinta ou quarenta pessoas – alguns de quipás – com os uniformes da seleção italiana entoavam La partita di pallone, a partida de futebol. Aqui definitivamente não era o país da pelota. Acendo um cigarro e meses depois poderia descobrir que cometi um ato obsceno. Mãe e filhos estavam fadados a um câncer congênito, acelerado pela nicotina diária, algo como uma maldição familiar. Teria podido, em algumas noites, ter pesadelos com Rita Pavone.

Seu nome era Dulcinea. Lutara contra moinhos de vento ou teria cansado das lutas e das porradas que recebia de seu Dom Quixote. No primeiro encontro, a transa seguida de afeição – como em todos os crimes passionais. Ela desconhecera os risotos de raspas de limão. Tapas e patas – de *jamón*.

Passaria por areias movediças e reviveria em mar Morto. Veria das montanhas da Judeia as esperanças dos profetas.

As decisões são sempre mais difíceis do que o cultivo de longas barbas quando se é imberbe ou quando é certeza a intolerância a dores e o choque anafilático pela anestesia geral se há retirada do prepúcio. Difícil também era a separação. Pessoas que dizem não quando a animália diz sim.

É duro ir aos shopping malls de Tel-Aviv sem passar em uma casa de câmbio. Próxima parada. O teatro da mente grita cronópios, cronópios: liberdade, subversão! Em contraponto era a americanizada loja de souvenirs e um muro que jamais fora derrubado. O teatro da mente grita. E depois silêncio. "Nada de novo existe neste planeta". A volta seria inevitável.

criação

sem conciliação
macacos & homens & mitos
cosem cavernas e não
distinguem
sombras e incertezas.
fogem fogos das raízes de pedra
armam atabaques de pele & urucum:
o mundo é criação.
meu coração não.

fim

iluminuras apagadas
bolsos vazios
veia estourada
fontana di trevi
molduras de peles enrugadas
(de quarenta a sessenta batidas cardíacas)
cápsulas de armamentos
lasers quadrilham esperanças:
nem rosa no asfalto
nem anjos vendidos nas ruas de são paulo
apenas imagens sobre a mesa
ampulheta da memória tingida de rosa & marfim.

de cronópios

não há saber de pedras
ou rios ou selvas escamas

não há sol sobre o sol e como é fogo & vida
assovio fugaz como erupção dos sentidos
ou prédios sem regras & verão
ou bombas nas comunidades.

não há saber não há sol
a liberdade permanece como letra lavrada em sonho:
utopia dos homens reais (ou cronópios).

## fórmula dissensual

você operária do verso coloquial

permanecerei na órbita lunar
de ginsberg antes das manchetes
de freud após a alcateia-hesse –
& seus raros & loucos & uivos –

lerei seus posts ao contrário
& quem sabe me apaixono por você.

(que o piche no vestido branco & empoeirado
não suje tampouco seus sonhos)-sons

## Sobre o autor

Lucas Guimaraens é poeta, ensaísta, tradutor e produtor cultural, atualmente Superintendente de Bibliotecas Públicas e Suplemento Literário de Minas Gerais. É mineiro de Belo Horizonte, 39 anos. Publicou poemas em diversas antologias, periódicos e revistas no Brasil e no exterior (dentre as quais, a Revista *Poesia Sempre*, da Fundação Biblioteca Nacional, a *Revista da Academia Mineira de Letras*, a revista Espanhola *En Sentido Figurado*, a turca *Siiristanbul Poetistanbul 2014* e a francesa *Caravelles*), tendo recebido alguns prêmios literários. Lançou, em 2011, seu livro: *Onde (poeira pixel poesia)*, pela editora carioca 7Letras. Em 2015, lançou novo livro de poemas, *33,333 – Conexões Bilaterais*, pela Azougue Editorial, com pinturas de Fernando Pacheco e textos de apresentação do músico Milton Nascimento e do escritor Claudio Willer. No mesmo ano, lançou seu livro de filosofia *Michel Foucault et la dignité humaine* (editora L'Harmattan). Em 2017, lançou, na França, o livro de poemas *Exil – le lac des incertitudes* (editora L'Harmattan). É também curador de eventos literários como o Circuito das Letras 2016 (MG), Festival Internacional de Poesia de Istambul 2014 (Turquia) e da Bienal Internacional de Poetas Paris/Val-de-Marne 2017 (Paris). Vem de uma linhagem poética a começar por Alphonsus de Guimaraens, seu bisavô.

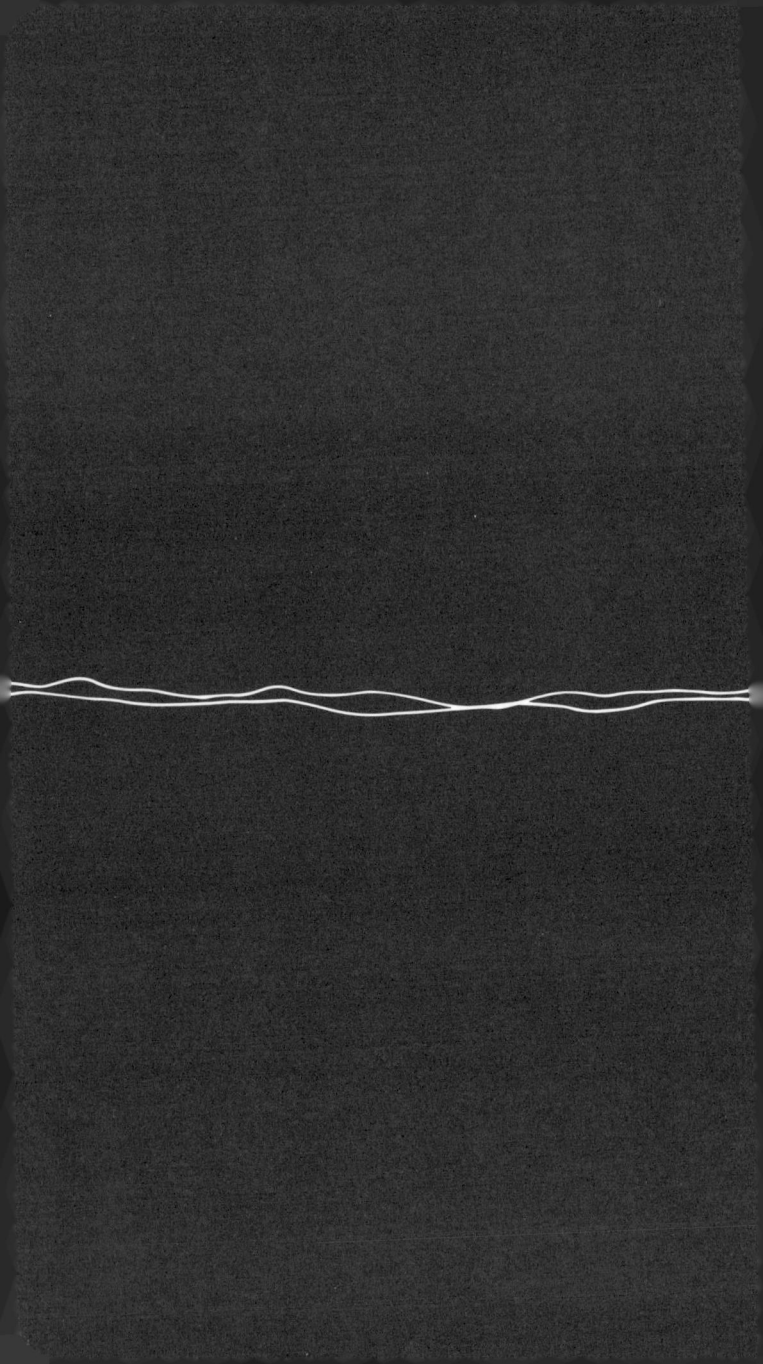

© Lucas Guimaraens
© Relicário Edições

CIP –Brasil Catalogação-na-Fonte | Sindicato Nacional dos Editores de Livro, RJ

> G963e Guimaraens, Lucas
>
> Exílio: o lago das incertezas / Lucas Guimaraens. -
> Belo Horizonte: Relicário Edições, 2018.
>
> 68 p.
>
> ISBN: 978-85-66786-64-4
>
> Poesia brasileira. I. Título: o lago das incertezas.
>
> CDD B869.1

COORDENAÇÃO EDITORIAL Maíra Nassif Passos
PROJETO GRÁFICO & DIAGRAMAÇÃO Ana C. Bahia
REVISÃO Lucas Morais

RELICÁRIO EDIÇÕES
relicarioedicoes.com
contato@relicarioedicoes.com

1ª edição [2018]

Esta obra foi composta em Open Sans e Fauna One
sobre papel Pólen Bold 90 g/m² para a Relicário Edições.